INVENTAIRE.

X 21,473

I0025810

ALPHABET.

Tout exemplaire de cet ouvrage qui ne porterait pas la signature de l'auteur sera réputé contrefait.

20 Tableaux de lecture sont extraits de cet ouvrage.

Cet ouvrage se trouve aussi chez l'auteur, rue du Four-Saint-Germain, 40.

Nota. On ne reçoit point les lettres non affranchies.

Imprimerie de HENNUYER et Cᵉ, rue Lemercier, 24. Batignolles.

ALPHABET

OU

ART D'ENSEIGNER LA LECTURE ÉLÉMENTAIRE

PAR

L'ÉCRITURE ET L'ORTHOGRAPHE,

PAR BONHOURE, INSTITUTEUR.

C'est par l'écriture et l'orthographe que l'on enseigne le mieux, le plus vite et le plus agréablement la lecture élémentaire.

Pour enseigner la lecture élémentaire par l'écriture et l'orthographe, il faut que l'on se serve du tableau noir et de la craie.

PARIS

HACHETTE, LIBRAIRE, RUE PIERRE-SARRAZIN, 12.
MAIRE-NYON, LIBRAIRE, QUAI CONTI, 13.
LOUIS COLAS, LIBRAIRE, RUE DAUPHINE, 32.
DUCROCQ, LIBRAIRE, RUE HAUTEFEUILLE, 10.
ISIDORE PERRON, LIBR., RUE DES MATHURINS-SAINT-JACQ., 19.
HIVERT, LIBRAIRE, QUAI DES GRANDS-AUGUSTINS, 33.

1849

OUVRAGES DE L'AUTEUR.

—

Conjugateur, ou Art d'enseigner la Conjugaison et l'Orthographe des verbes par la mesure et la rime[1].

L'Homme social, ou Discours sur l'Association et sur la Solidarité.

Dernier état social, ou Discours sur les destinées sociales du monde.

L'Ouvrier pensant, ou Discours sur l'existence et les mœurs des travailleurs.

[1] Cet ouvrage fait suite à l'*Alphabet* et précède la *Grammaire*.

PRÉFACE.

On ne doit plus enseigner la lecture élémentaire que dans les livres ou sur les tableaux de lecture ; on doit l'enseigner aussi par l'écriture et l'orthographe ; et se servir, pour cela, du tableau noir et de la craie.

Pour enseigner ainsi cette lecture aux élèves de tout âge, il faut qu'on leur apprenne de suite à tracer et à prononcer toutes les lettres ; puis qu'on leur fasse écrire et lire tous les jours, sur les tableaux noirs, toutes les classes de syllabes, de mots et de phrases qu'ils lisent dans l'alphabet ou sur les tableaux de lecture.

On ne peut réussir à enseigner la lecture élémentaire par l'écriture et l'orthographe sur le papier ou sur l'ardoise ; on ne le peut que sur le tableau noir. Encore faut-il, pour y parvenir, que les enfants soient assez âgés, qu'ils aient au moins cinq ou six ans. S'ils sont plus jeunes, s'ils n'en ont que trois ou quatre, la chose ne leur est plus possible.

Si ces derniers ne peuvent écrire sur les tableaux noirs, ils peuvent y lire, et beaucoup mieux que dans l'alphabet ou sur les tableaux de lecture. Or, comme ils le peuvent, il convient qu'ils y lisent tous les jours, et la même leçon qu'on leur fait lire dans l'alphabet ou sur les tableaux de lecture.

Comme on peut enseigner l'écriture et l'orthographe élémentaires en même temps que la lecture, on a tort de ne pas le faire, de les enseigner l'une après l'autre. Agir ainsi, c'est faire perdre un temps précieux aux enfants ; c'est leur rendre l'instruction plus longue, plus pénible et plus ennuyeuse.

L'enfant qui écrit et orthographie sur les tableaux noirs, ce qu'il lit dans l'alphabet ou sur les tableaux de lecture, a infiniment plus de plaisir que celui qui ne l'écrit point, qui ne l'orthographie point.

Pour ne pas sentir cette grande vérité, il faut que l'on n'ait pas du tout de jugement, que l'on soit plus que sot.

Nous devons faire remarquer ici que l'idée d'enseigner la lecture élémentaire par l'écriture et l'orthographe, nous a conduit à celle de supprimer l'apprentissage de l'écriture sur le papier et sur l'ardoise, de ne se servir que du tableau noir. En ne se servant que de celui-ci, il y a moins de peine pour les maîtres, plus de progrès, d'agrément et d'économie pour les élèves.

Pour enseigner ainsi l'écriture élémentaire, il faut avoir des tableaux de trois ou quatre mètres de longueur sur un de hauteur ; il faut qu'ils forment une bande ou une ceinture autour des murs d'une école.

Encore que cet Alphabet ait pour objet spécial d'enseigner la lecture élémentaire par l'écriture et l'orthographe, on peut en faire usage pour toutes les méthodes possibles; on peut s'en servir avec ou sans épellation, de même qu'avec l'ancienne ou la nouvelle prononciation des lettres.

ALPHABET.

PREMIÈRE PARTIE.

CHAPITRE Ier.

LETTRES.

Voyelles.

a   e   i   o   u   y

Consonnes.

b	h	n	t
c	j	p	v
d	k	q	x
f	l	r	z
g	m	s	

GRANDES LETTRES.

Voyelles.

A E I O U Y

Consonnes.

B	H	N	T
C	J	P	V
D	K	Q	X
F	L	R	Z
G	M	S	

LETTRES.

Voyelles.

a   e   i   o   u   y

Consonnes.

b	h	n	t
c	j	p	v
d	k	q	x
f	l	r	z
g	m	s	

1.

GRANDES LETTRES.

—

Voyelles.

A   E   I   O   U   Y

Consonnes.

B	H	N	C
C	I	P	V
D	K	Q	X
F	L	R	Z
G	M	S	

SYLLABES.

*Syllabes à sons muets et de deux lettres, com-
mencées par une consonne et terminées par
une voyelle.*

PREMIÈRE CLASSE.

ba	ha	na	ta
ca	ja	pa	va
da	ka	»	xa
fa	la	ra	za
ga	ma	sa	»

DEUXIÈME CLASSE.

be	he	ne	te
ce	je	pe	ve
de	ke	»	xe
fe	le	re	ze
ge	me	se	»

TROISIÈME CLASSE.

bi	hi	ni	ti
ci	»	pi	vi
di	ki	»	xi
fi	li	ri	zi
gi	mi	si	»

QUATRIÈME CLASSE.

bo	ho	no	to
co	jo	po	vo
do	ko	»	xo
fo	lo	ro	zo
go	mo	so	»

CINQUIÈME CLASSE.

bu	hu	nu	tu
eu	ju	pu	vu
du	ku	qu	xu
fu	lu	ru	zu
gu	mu	su	»

MOTS.

Mots à sons muets et de deux syllabes, formés des syllabes qui précèdent.

PREMIER EXEMPLE.

pa-ve	me-nu	ga-ge
me-na	la-ve	le-va
ca-ge	ru-se	ro-se
li-re	di-re	sa-ge
ve-nu	pa-ge	pu-ni
po-sa	cu-ra	mi-ne

DEUXIÈME EXEMPLE.

ri-ma	la-me	re-lu
da-me	fi-ge	li-ma
pu-re	pa-va	ra-me
do-se	du-re	do-sa
dî-ma	po-se	ti-ge
bu-se	fi-ni	vi-ra

TROISIÈME EXEMPLE.

me-nu	vo-le	bi-se
vo-la	la-va	po-sa
si-re	ma-ge	ca-le
ca-sa	te-nu	bu-re
pu-ni	pe-na	ci-ra
se-ma	ca-ve	ra-ve
sa-li	mu-ni	fi-le
ba-le	ba-se	vo-mi

CHAPITRE DEUXIÈME.

—

SYLLABES.

*Syllabes à sons muets et de trois lettres, com-
mencées et terminées par une consonne.*

PREMIÈRE CLASSE.

ban	han	nan	tan
can	jan	pan	van
dan	kan	»	xan
fan	lan	ran	zan
gan	man	san	»

DEUXIÈME CLASSE.

ben	hen	nen	ten
cen	jen	pen	ven
den	ken	»	xen
fen	len	ren	zen
gen	men	sen	»

TROISIÈME CLASSE.

bin	hin	nin	tin
cin	»	pin	vin
din	kin	»	xin
fin	lin	rin	zin
gin	min	sin	»

QUATRIÈME CLASSE.

bon	hon	non	ton
con	jon	pon	von
don	kon	»	xon
fon	lon	ron	zon
gon	mon	son	»

*Syllabes à sons muets et de trois lettres, com-
mencées par une consonne et terminées par
une voyelle.*

PREMIÈRE CLASSE.

boi	hoi	noi	toi
coi	joi	poi	voi
doi	koi	»	xoi
foi	loi	roi	zoi
goi	moi	soi	»

DEUXIÈME CLASSE.

beu	heu	neu	teu
ceu	jeu	peu	veu
deu	keu	»	xeu
feu	leu	reu	zeu
geu	meu	seu	»

BIBLIOTHÈQUE NATIONALE R.F. IMPRIMÉS

TROISIÈME CLASSE.

bou	hou	nou	tou
cou	jou	pou	vou
dou	kou	»	xou
fou	lou	rou	zou
gou	mou	sou	»

QUATRIÈME CLASSE.

bai	hai	nai	tai
cai	jai	pai	vai
dai	kai	»	xai
fai	lai	rai	zai
gai	mai	sai	»

MOTS.

Mots à sons muets et de deux syllabes formés des syllabes qui précèdent.

PREMIER EXEMPLE.

mon - de	pou - le	ron - de
pen - te	man - ge	ven - te
boi - re	fon - da	boi - re
min - ce	seu - le	cou - pe
rou - te	poi - re	ran - ge
pen - du	sen - ti	meu - le

DEUXIÈME EXEMPLE.

mou - le	ren - te	foi - re
rin - ce	mou - la	fen - du
sau - te	fan - ge	pon - ce
ren - du	tou - te	len - te
son - da	pom - pa	mou - le
fai - te	pin - ce	lai - de
ven - du	cau - se	gou - ge

TROISIÈME EXEMPLE.

men - ti	man - da	heu - re
fai -re	toi - se	tan - te
jeu - ne	gen - re	noi - re
rou - ge	son - ge	dan - se
fau - te	hau - te	mon - ta
hai - ne	vou - lu	pon - ge
fou – la	pen - se	lan - de
ten - du	sou - pe	cou - le
pon - ce	ven - ge	pai - re

Syllabes et mots à sons muets commençant par des voyelles et des consonnes.

en	en – co - re	il
in	in - fi – ni	et
on	on – ze	qui
un	u - ne	que
an	an – ge	ou

PHRASES.

Phrases détachées formées des mots qui précèdent.

PREMIER EXEMPLE.

Mon pa-pa va li-re ce con-te.
Je man-ge tou-te ma poi-re.
Si-mon ti-ra du vin rou-ge.
Le roi cou-pe ta ro-be fi-ne.
Ca-ton pa-ve la rou-te neu-ve.
Ta boî-te se-ra un peu ron'-de.

DEUXIÈME EXEMPLE.

Il vo-le u-ne pe-ti-te ra-ve.
Pau-li-ne a vu Mi-na et Lu-ce.
On la-ve sa tu-ni-que noi-re.
Ma-da-me mon-te ta pen-du-le.
Ce do-mai-ne se-ra en-co-re ven-du.
Je vi-de la cu-ve en fon-te.
Zu-li-ma de-man-de Ca-ro-li-ne.

TROISIÈME EXEMPLE.

Son ca - pi - tai - ne va à Ro - me.

Le mon - de en - tou - re le ri - va - ge.

Ca - ti - li - na e - xa - mi - ne la loi.

Il a ren - du mon ca - li - ce.

Ce ju - ge mon - te en voi - tu - re.

Voi - là un jo - li can - ti - que.

An - toi - ne a - do - re la lu - ne.

QUATRIÈME EXEMPLE.

Je te pi - que la fi - gu - re.

Le mou - ton a tou - te sa lai - ne.

Voi - ci ta pou - le qui se re - ti - re.

On e - xi - ge que Nu - ma boi - ve.

Hen - ri di - ri - ge son en - fan - ce.

Zu - li - ma a - van - ce et re - cu - le.

Je le di - rai à Do - mi - ni - que.

CHAPITRE TROISIÈME.

—

SIGNES ORTHOGRAPHIQUES.

Ac - cent ai - gu . . . . é

Ac - cent gra - ve . . . . è

Ac - cent cir - con - fle - xe. . . . . . . ê

Tré - ma . . . . ë

Apost - tro - phe . . . . '

Trait d'u - nion. . . . . —

Cé - dil - le . . . . ç

SIGNES DE PONCTUATION.

Vir - gu - le . . . . ,

Point - vir - gu - le. . . . . ;

Deux points . . . . :

Point. . . . .

Point in - ter - ro - ga - tif. . . . . . . ?

Point ex - cla - ma - tif . . . . !

LETTRES ACCENTUÉES.

PREMIÈRE CLASSE.

é . . . . ré
è . . . . pè
ê . . . . fê

DEUXIÈME CLASSE.

â . . . . pâ
î . . . . vî
ô . . . . cô
û . . . . sû

TROISIÈME CLASSE.

ç . . . . ça
ç . . . . çu

QUATRIÈME CLASSE.

ü . . . . saü
ë . . . . noë
ï . . . . moï

SYLLABES.

Syllabes à sons accentués, et de deux lettres.

PREMIÈRE CLASSE.

Accent aigu.

bé	hé	né	té
cé	jé	pé	vé
dé	ké	»	xé
fé	lé	ré	zé
gé	mé	sé	»

DEÜXIÈME CLASSE.

Accent grave.

bè	hè	nè	tè
cè	jè	pè	vè
dè	kè	»	xè
fè	lè	rè	zè
gè	mè	sè	»

2

TROISIÈME CLASSE.

Accent circonflexe.

bê	hê	nê	tê
cê	jê	pê	vê
dê	kê	»	xê
fê	lê	rê	zê
gê	mê	sê	»

QUATRIÈME CLASSE.

Accent circonflexe.

bâ	hâ	nâ	tâ
câ	jâ	pâ	vâ
dâ	kâ	»	xâ
fâ	lâ	râ	zâ
gâ	mâ	sâ	»

CINQUIÈME CLASSE.

Accent circonflexe.

bî	hî	nî	tî
cî	»	pî	vî
dî	kî	»	xî
fî	lî	rî	zî
gî	mî	sî	»

SIXIÈME CLASSE.

Accent circonflexe.

bô	hô	nô	tô
cô	jô	pô	vô
dô	kô	»	xô
fô	lô	rô	zô
gô	mô	sô	»

SEPTIÈME CLASSE.

Accent circonflexe.

bû	hû	nû	tû
cû	jû	pû	vû
dû	kû	qû	xû
fû	lû	rû	zû
gû	mû	sû	«

MOTS.

Mots à sons accentués, formés des syllabes qui précèdent.

PREMIER EXEMPLE.

Accent aigu.

ba - sé	fon - dé	pa - ré
pi - lé	ai - mé	se - mé
bon - té	lan - cé	mon - té
pa - vé	tom - bé	pi - qué
mi - ré	me - né	ra a sé
man - gé	cou - pé	sau - vé

DEUXIÈME EXEMPLE.

Accent grave.

pè – re	fè – ve	ga – lè – re
mo – dè – le	co – lè – re	es – pè – ce
lè – ve	ex – cès	fi – dè – le
mi – sè – re	vi – pè – re	cè – de
ab – cès	en – lè – ve	pros – pè – re
lè – se	mè – re	re – lè – ve
a – mè – re	zè – le	mo – dè – re

TROISIÈME EXEMPLE.

Accent circonflexe.

mâ – ta	bê – te	mê – le
dû – mes	tan – tôt	cô – te
dî – me – ra	pû – mes	hâ – le
sû – re	mô – le	fê – te – ra
gâ – tons	hâ – te	mâ – le
pô – le	mû – re	tê – te
mê – me	vî – mes	vê – le

PHRASES.

Phrases détachées formées des mots
qui précèdent.

PREMIER EXEMPLE.

Accent aigu.

Lé on se - ra en - co - re vo - lě.

Nous a - vons vu Té - lé - ma - que.

Dé - si - ré a man - gé son pain.

Ci - cé - ron fut un hom - me de mé - ri - te.

Le cou - ra - ge é - tait aus - si ho - no - ré.

Je me suis pi - qué u - ne é - pau - le.

Il voit Cé - sar, Pom - pée et Ré - gu - lus.

Mé - né - las é - cou - te Pé - né - lo - pe.

Vous a - vez ô - tě le plus dé - fait.

Tu as re - fu - sé les mieux li - més.

Sa ré - forme vous é - ton - ne tous.

Ces dé - te - nus fu - rent ju - gés à mort.

DEUXIÈME EXEMPLE.

Accent grave.

Mon pè - re ai - me bien ma mè - re.

Dans sa mi - sè - re, il est fi - dè - le.

Mo – dè – re un peu tes ex – cès.

Paul re – lè – ve le pe – tit mo – dè – le.

Son pè – re a vu la vi – pè – re.

El – les ont deux es – pè – ces de fè – ves.

La ga – lè – re en – lè – ve le bois.

Mon frè – re fait voir ton zè – le.

En – fin, je cè – de à vos a – vis.

Si Ju – les pros – pè – re tu le sauras.

TROISIÈME EXEMPLE.

Accent circonflexe.

Mon pe – tit â – ne bais – se la tê – te.

Nous me – su – râ – mes les deux pô – les.

Vous ne vî – tes que des guê – pes.

Je pâ – lis. Ce – lui que vous eû – tes.

El – le a dû a – voir u – ne pê – che.

Nous jou – â – mes le mê – me rô – le.

Loui – se se – ra aus – si de la fê – te.

Il se hâ – te, il po – se le mât.

CHAPITRE QUATRIÈME.

—

MOTS.

Mots de trois syllabes, à sons muets
et à sons accentués.

PREMIER EXEMPLE.

ma – li - ce	ro - mai – ne
re – dou – té	di - vi - sé
hu - mai - ne	cou - ra – ge
de – vi – na	dé – ci – dait
en – ga - ge	hâ – le – ra
fi – gu – ré	é - pou - se

DEUXIÈME EXEMPLE.

dé – po – sé	cons – pi - re
fou - lu – re	dé – fen – du
é - pon - ge	lan – ga - ge
do - mi – né	raf – fi – nait
qua – ran – te	fu – man – te
re – li - re	sa - ge - ment
en - fan - ce	vo – leu – se

TROISIÈME EXEMPLE.

ho - no - ré	pe – ti – te
sou - te - nu	ju - ge - ment
re – cu – la	se - mai – ne
a - van - cé	va - can - ce
con - fon – du	con – fu – se
sa – ge - ment	de - man – da
mu – ti - ne	po - li - ment
pi – qù – re	a – va - lé

QUATRIÈME EXEMPLE.

com – pè – re	boi – su – re
in – fi – ni	ro – man – ce
es – ti - mait	hi – deu – se
mé – lan - ge	ré – pon – dit
cou – tu – re	me – su – ra
de – vi – nant	ru – de – ment
re - cou – pé	ma – da – me
sou – mi – se	com – po – sé

2.

CINQUIÈME EXEMPLE.

fu - tu – re	cen - tai - ne
dé – po - sant	a - bî - mé
rou – la – ge	re – cou – su
tem – pê – te	dé - fai – te
re - ce – vant	en – fon – cé
a – bon - de	cou – lis - se
se – men - ce	la – mi – nant
é – pon – gé	pe – san - te

Mots de quatre et de cinq syllabes
à sons muets et à sons accentués.

PREMIER EXEMPLE.

po - li - ti - que	a - ven - tu – re
dé - fi – gu – rant	di - vi - se – ra
fi - la - tu – re	ca - no - ni – sait
hu - ma - ni - se	é - van - gi – le
ci – vi - li – sait	an - gé – li - que
do - ci - le - ment	ci - se – lu – re

DEUXIÈME EXEMPLE.

ri – va – li – sant con – fé – ren – ce

a – bon – dan – ce fa – ci – li – tant

ca – pi – tai – ne bou – lan – gè – re

dé – mo – li – ra es – ti – me – rait

sou – ve – nan – ce vi – gou – reu – se

gé – né – reu – se sou – dai – ne – ment

im – po – san – te la – co – ni – que

TROISIÈME EXEMPLE.

o – ri – gi – na – le dé – fi – ni – ti – ve

lo – co – mo – ti – ve ca – ri – ca – tu – re

gé – né – ra – li – se é – co – no – mi – que

in – dif – fé – ren – te lé – gi – ti – mis – te

e – xa – mi – ne – ra com – pa – ra – ti – ve

do – mi – ni – ca – le im – po – li – tes – se

a – ni – mo – si – té ca – lo – ri – fè – re

e – xé – cu – ti – ve ré – gu – la – ri – se

PHRASES.

Phrases détachées formées des mots qui précèdent.

PREMIER EXEMPLE.

Ca – ro – li – ne ai – me bien son pa – pa.

Nous de – man – dâ – mes Do – mi – ni – que.

Ro – se man – ge des con – fi – tu – res,

Tu le di – ras à Lé – on – ti – ne.

Vous dé – fen – dez la ci – ta – dè – le.

Mon – te ce pot au do – mes – ti – que.

DEUXIÈME EXEMPLE.

Il pe - sa vos deux do – ru – res.

Le roi pu – ni – ra cet – te da – me

Ju – les con – naît ton en – fan – ce.

El – le don – na en – co – re des a – vis.

Lé – on a re – fu - sé ta pom – me.

Je dî – ne – rai a – vec ma mè – re.

Ils ont vu un beau ca – pi – tai – ne.

Tu me – nais la ca – ra – va – ne.

TROISIÈME EXEMPLE.

Vos é-lè-ves font les mu-ti-nes.

Je ven-dis des fa-ri-nes à Jean.

A-dè-le con-naît Ca-ti-li-na.

Vous le po-se-rez fa-ci-le-ment.

Il con-ten-te ses ca-ma-ra-des.

Pau-li-ne fe-ra li-re Nu-ma.

On dé-mo-lit les ma-nu-fac-tu-res.

La po-li-ce se fait ai-sé-ment.

QUATRIÈME EXEMPLE.

Elle bê-le com-me des mou-tons.

Cet-te fem-me nous es-ti-me-ra.

Dé-pê-chez-vous, re-ve-nez vi-te.

Ils dé-fi-lè-rent de-vant le roi.

Jean dou-te de son ca-rac-tè-re.

Je fus gé-né-reu-se et dou-ce.

Sa fi-gu-re est o-ri-gi-na-le.

Les ci-se-lu-res sont mal fai-tes.

CHAPITRE CINQUIÈME.

—

SYLLABES.

Syllabes à sons muets et de trois lettres, commencées et terminées par une consonne.

PREMIÈRE CLASSE.

bal	gal	lal	»	val
cal	hal	mal	ral	xal
dal	jal	nal	sal	zal
fal	kal	pal	tal	»

DEUXIÈME CLASSE.

bel	gel	lel	»	vel
cel	hel	mel	rel	xel
del	jel	nel	sel	zel
fel	kel	pel	tel	»

TROISIÈME CLASSE.

bil	gil	lil	»	vil
cil	hil	mil	ril	xil
dil	»	nil	sil	zil
fil	kil	pil	til	»

QUATRIÈME CLASSE.

bol	gol	lol	»	vol
col	hol	mol	rol	xol
dol	jol	nol	sol	zol
fol	kol	pol	tol	»

CINQUIÈME CLASSE.

bul	gul	lul	»	vul
cul	hul	mul	rul	xul
dul	jul	nul	sul	zul
ful	kul	pul	tul	»

SIXIÈME CLASSE.

bar	gar	lar	»	var
car	har	mar	rar	xar
dar	jar	nar	sar	zar
far	kar	par	tar	»

SEPTIÈME CLASSE.

ber	ger	ler	»	ver
cer	her	mer	rer	xer
der	jer	ner	ser	zer
fer	ker	per	ter	»

HUITIÈME CLASSE.

bir	gir	lir	»	vir
cir	hir	mir	rir	xir
dir	jir	nir	sir	zir
fir	kir	pir	tir	»

NEUVIÈME CLASSE.

bor	gor	lor	»	vor
cor	hor	mor	ror	xor
dor	jor	nor	sor	zor
for	kor	por	tor	»

DIXIÈME CLASSE.

bur	gur	lur	qur	vur
cur	hur	mur	rur	xur
dur	jur	nur	sur	zur
fur	kur	pur	tur	»

Syllabes à sons muets commencées par une consonne et terminées par une voyelle.

PREMIÈRE CLASSE.

bui	gui	lui	qui	vui
cui	hui	mui	rui	xui
dui	jui	nui	sui	zui
fui	kui	pui	tui	»

DEUXIÈME CLASSE.

bra	bre	bri	bro	bru
cra	cre	cri	cro	cru
dra	dre	dri	dro	dru
fra	fre	fri	fro	fru

gra	gre	gri	gro	gru
pra	pre	pri	pro	pru
tra	tre	tri	tro	tru
vra	vre	vri	vro	vru

TROISIÈME CLASSE.

bla	ble	bli	blo	blu
cla	cle	cli	clo	clu
fla	fle	fli	flo	flu
gla	gle	gli	glo	glu
pla	ple	pli	plo	plu

MOTS

Mots à sons muets et à sons accentués, formés des syllabes qui précèdent.

PREMIER EXEMPLE.

bor - dait	pou - dra	con - tre
pri - sé	hor - de	per - vers
fou – dre	cri - se	brû – lé

cor - de	pru - ne	pou - tre
bri - sé	for - te	lar - me
cou - dre	gla - cé	pro - fit
tar - te	en - cra	cer - cle

DEUXIÈME EXEMPLE.

plom - bé	su - crait	lui - sant
maî - tre	sor - tez	som - bre
sa - blé	ver - ni	tra - cé
cui - re	mon - trait	gar - dr
bra - ve	ver - te	mar - ge
sa - cré	tri - plé	prin - ce

Phrases détachées formées des mots qui précèdent.

PREMIER EXEMPLE.

Her - cu - le é -tait sou – vent gra - ve.

Vo - tre li - vre me plaît très - fort.

Nous ver - rons la Mar - ti - ni - que.

Tu lui ren – dras cet ou - vra - ge.

On   va   par – ta – ger   le   chan - vre.

Pre - nez   ces   qua - tre   gar – ni - tu - res.

Ce   bru – tal   peu – pla   nos   vil – les.

Le   ma – jor   per - drait   ses   ma - la – des.

No - tre   gri – ve   fut   sur – pri - se.

On   bri – se   les   por - tes   du   Lou – vre.

DEUXIÈME EXEMPLE.

La   mar – qui - se   les   gron - de - ra   tous.

Il   im – plo – re   mon   in - flu - en - ce.

Nous   mé - pri - se - rions   de   tels   pro - pos.

Ton   maî – tre   re - gar - de   la   bru - ne.

Cli - tus   pren – dra   du   gros   plâ – tre.

El - les   me - su - rent   vo - tre   fro - ment.

Plu - ton   nous   mon – tre   le   cal – cul.

En - trez :   le   clai – ron   va   son – ner.

Tu   é – cri - vais   sur   du   mar - bre.

Ma - rie   ton - dra   ses   bre - bis   ce   soir.

TROISIÈME EXEMPLE.

Il sort de son e - xil, il est i - ci.

On me fit fai - re la cul - bu - te.

Gar - de la vert - te, lais-se la gri - se.

Ce mi - ra - cle sur - pris Gré - goi - re.

On voit la fa - bri - que des cru - ches.

Les ber - gè - res gar - dent les bre - bis.

Mon jar - di - nier bê - che ton jar - din.

Lais - sez la cor - de, pre - nez le câ - ble.

QUATRIÈME EXEMPLE.

Ils mé - pri - sent tous ses ou - tra - ges.

Je choi - sis les ar - ti - cles de goût.

La grè - ve est cou - ver - te de sa - ble.

Chris - ti - ne su - cre - ra du ci - dre.

El - le en - tra - ve mes en - tre - pri - ses.

Gra - vez - le sur la ta - ble en bron - ze.

Ju - gur - tha fait cui - re des pru - nes.

Tu met - tras le feu à la pou - dre.

CHAPITRE SIXIÈME.

—

SYLLABES.

*Syllabes à sons muets de quatre lettres, com-
mencées par une consonne et terminées par
cette dernière ou par une voyelle.*

PREMIÈRE CLASSE.

bran	brin	bron	pre
cran	crin	cron	tren
fran	frin	fron	prin
gran	grin	gron	trin

DEUXIÈME CLASSE.

breu	greu	brou	grou
creu	preu	crou	prou
dreu	treu	drou	trou
freu	vreu	frou	vrou

TROISIÈME CLASSE.

brai	grai	broi	groi
crai	prai	croi	proi
drai	trai	droi	troi
frai	vrai	froi	vroi

QUATRIÈME CLASSE.

boir	hoir	noir	toir
coir	joir	poir	voir
doir	koir	»	xoir
foir	loir	roir	zoir
goir	moir	soir	»

CINQUIÈME CLASSE.

blai	bloi	bleu	blou
clai	cloi	cleu	clou
flai	floi	fleu	flou
glai	gloi	gleu	glou
plai	ploi	pleu	plou

SIXIÈME CLASSE.

blan	bour	jour	mien
clan	cour	lour	tien
flan	dour	pour	sien
glan	four	sour	vien

SEPTIÈME CLASSE.

beur	jeur	moin	brui
ceur	leur	loin	drui
deur	peur	foin	frui
feur	seur	soin	trui
geur	teur	join	grui

HUITIÈME CLASSE.

cha	gna	gua	lac
che	gne	gue	bac
chi	gni	gui	tac
cho	gno	»	sac
chu	gnu	»	fac

MOTS.

Mots à sons muets et à sons accentués, formés des syllabes qui précèdent.

PREMIER EXEMPLE.

om – bra	mo – tif	lour – de
dra – me	ai - gre	san – gle
sa – brait	plu - mé	pour – pre

gou.ı - de	bra – que	soi – gne
sa - voir	gran – de	cro - chu
plain – dre	mar – cheur	dou - blé
fron - deur	prin – ce	cri - bla
blan - che	cros - sé	si – gné
clai - re	flan - que	ro – gnait
droi – te	cha – grin	grou – pa

DEUXIÈME EXEMPLE.

gou - fre	souf - fle	tré – ma
clo - se	bron – ze	moin – dre
ou – vre	joi - gne	pro – fit
vien - dra	cham - bre	lu - trin
prou - vé	ar – deur	cloi – tre
bran - che	gloi - re	plai – sir

Phrases détachées, formées des mots qui précèdent.

PREMIER EXEMPLE.

Cet-te mar–chan–de de poi–vre a u-ne fi–gu–re a-do-ra-ble. La plus gran – de se croit aus-si per–due ; ce grou-pe de sol–dats que tu re-gar-des ⋆ui fait peur. Hec - tor con–naî-tra . mieux vo – tre bou – cle que nous. Il met - trait ses

fi-gues dans du vi-nai-gre. Mon cher
Fran-çois, tu ron-fles com-me un dra-gon
de Bre-ta-gne.

DEUXIÈME EXEMPLE.

Nous vi-si-tâmes le tem-ple et les é-gli-
ses. Tu le vois; je te tiens, je te ren-con-
tre. Voi-ci en-co-re des ac-cents cir-
con-fle-xes. Ces phra-ses ne lui plai-
sent pas, il les trou-ve trop re-cher-chées.
El-les ont pris ou sous-trait quin-ze
mor-ceaux de cui-vre. Ce ca-po-ral
a tou-jours un air gron-deur. Hor-
ten-se pou-vait vain-cre le prin-ce.

TROISIÈME EXEMPLE.

Clé-on et Pa-tro-cle chan-te-ront au
lu-trin. Vous mon-trez un es-prit fort a-
droit, très sou-ple. Clé-o-pâ-tre se fit
mor-dre par un as-pic. Cons-tan-ti-no-
ple est si-tuée sur le bord de la mer
Noi-re. An-ni-bal ne put vain-cre les
Ro-mains. An-dro-ma-que pleu-rait toujours son cher Hec-tor.

QUATRIÈME EXEMPLE.

A-près a-voir en-ten-du par-ler les o-ra-cles, nous sor-tî-mes de sui-te. So-cra-te, Pla-ton, et A-le-xan-dre fu-rent la gloi-re de la Grè-ce. Cla-ris dé-cri-rait u-ne jo-lie cour-be. Le glai-ve lui tran-cha la tê-te. Je re-çois plu-sieurs le-çons gra-tui-tes. On si-gna le con-trat de ma-ri-a-ge. Vous pleu-rez vo-tre a-mi Clé-an-dre. El-les pren-dront tou-tes les moin-dres.

CINQUIÈME EXEMPLE.

Il vien-drait vous voir a-près de-main. Saint Blai-se et saint Be-noît se plai-saient à vi-si-ter les cloi-tres. La lan-gue fran-çai-se lui plaît mieux que la lan-gue an-glai-se. Vous creu-sâ-tes mê-me le troi-siè-me trou. Char-le-ma-gne crai-gnait les plus a-droits. Crois-moi, re-viens le plus tôt pos-si-ble.

Mots terminés en al, en aux et en eux.

mi - né - ral	gé - né-raux	ma–ré-chal
ba - teau	ca - po - ral	boi - teux
che - val	sa - vou – reux	tra – vail.
peu - reux	mo - ral	pou - dreux
prin - ci - pal	mé – taux	si - gnal
a - ni - maux	com - mu - nal	ca - naux
car – di - nal	dé - si – reux	vo - cal
heu - reux	ca - nal	ner - veux
gé - né - ral	che - vaux	lo - cal
co - teaux	a - ni - mal	fa - naux

Phrases détachées formées des mots qui précèdent.

Cet a-mi-ral mon-te très-bien à cheval. On ne vo-yait que des a-ni-maux peu-reux et fou-gueux. Vos ne-veux ont loué un beau lo-cal. Le car-di-nal se-ra tou-jours boi-teux. Il fait un ap-pel aux hom-mes cou-ra-geux et gé-né-reux. Le chef prin-ci-pal a vi-si-té tous les hô-pi-taux. Mon ca-po-ral con-duit les deux ma-ré-chaux.

CHAPITRE SEPTIÈME.

—

Syllabes accentuées.

ça	baï	vaë	laï
çu	saü	moï	faë
çon	Noë	boë	gaü
dû	haï	naü	taï
sûr	daü	zaï	joë

Mots accentués formés des syllabes qui précèdent.

PREMIER EXEMPLE.

ma-çon	per – çâ - mes	con – çu
re – çu	le – çons	a - van - ça
ber – ça	fa - ça - de	ber – çons
fa - çon	a - per - çu	fran - çais
re – çois	for – çons	gar - çon.

DEUXIÈME EXEMPLE.

Si - naï	Saül	païen
Da – naüs	Noël	Ja - maïque
Ha – zaël	laïque	Caï - phe
Noë - mie	E - saü	Moï - se
haï – rait	Sa – muël	naïa – de
Ra - phaël	haïs – sons	A - glaë

Phrases détachées formées des mots qui précèdent.

PREMIER EXEMPLE.

Cédille.

Ils veu-lent que ces ma-çons me-su-rent cet-te fa-ça-de. Nous a-per-çû-mes Fran-çois sur le bal-con. Il per-ça ce pe-tit gar-çon a-vec son poi-gnard. Je con-çois leur plan. Nous li-rons trois ou qua-tre le-çons en fran-çais. El-le a-per-çut ce-lui qui ma-çon-nait. Nous a-vons re-çu tou-te la som-me.

DEUXIÈME EXEMPLE.

Tréma.

Ra-phaël pei-gnit Saül et Noë-mie. Moï-se et Ha-zaël bu-rent dans cet-te naïa-de. Les I-sraë-li-tes haïs-saient tous Zaï-re. Ce laï-que a vu Leu-co-toë et A-ris-to-noüs. Le Si-naï et les monts Al-taïs sont loin de la Ja-maï-que. Il haï-ra en-core plus son aïeul que toi.

Syllabes accentuées.

PREMIER EXEMPLE.

bré	brè	brê	blé	blè
cré	crè	crê	clé	clè
dré	drè	prê	flé	flè
fré	grè	frê	glé	glè
gré	prè	grê	plé	plè

blé	ché	chè	nés	»
clé	phé	thè	més	»
flé	gné	trè	vés	»
glé	gué	vrè	rés	»
plé	qué	»	cés	»

Mots accentués formés des syllabes qui précèdent.

mar - brés	bou – clé	flè – che
su – cré	sai - gnés	prê - tre
peu - plés	gon – flé	grê – le
cri – blé	mar – qués	pié - ge
pou - drés	cou – ché	guê - pe
san - glé	mon – trés	na – vrés
mal – gré	lé - gué	con - grès
gau – frés	tro – phées	moi – tié

Phrases détachées formées des mots qui précèdent.

Or-phée et les dé-lé-gués de la ré-pu-bli-que ont é-té mas-sa-crés sur la brèche. Le prê-tre a sai-gné les vic-ti-mes : toi, al-lume les feux sa-crés. Vos flè-ches sont mal ac-cro-chées, et vos lits mal san-glés. Clé-ron-te veut met-tre de la grê-le dans ta crè-me. Par pi-tié, mon frè-re, ac-cor-dez-nous vo-tre a-mi-tié.

DEUXIÈME EXEMPLE.

Cet-te pan-thè-re se se-ra cou-chée dans les prés fau-chés. Phè-dre nous a mon-tré ceux qui vont être ju-gés. En vo-yant les voi-les en-flées, il eut le cœur gon-flé. Ces piè-ces, quoi-que cri-blées, peu-vent faire le siè-ge. Ne sois pas ou-tré, je vais tuer la guê-pe.

Syllabes de trois et de quatre lettres à sons muets et à sons accentués, commencées par une consonne et terminées par cette dernière ou par une voyelle.

PREMIER EXEMPLE

bia	bié	bio	bieu	biou
dia	dié	dio	dieu	diou
pia	pié	pio	pieu	piou
fia	fié	fio	fieu	fiou
mia	mié	mio	mieu	miou
via	vié	vio	vieu	viou

DEUXIÈME EXEMPLE.

bian	bion	sta	stan	stra
dian	dion	sté	sten	stré
pian	pion	sti	stin	stri
fian	fion	sto	ston	stro
mian	mion	stu	stun	stru
vian	vion	»	»	»

TROISIÈME EXEMPLE.

pha	phra	phan	phar	phé
phe	phre	phen	pher	phè
phi	phri	phin	phir	phê
pho	phro	phon	phor	»
phu	phru	phun	phur	»

QUATRIÈME EXEMPLE.

psa	strac	clas	spla	scul
pse	srec	cles	sple	scru
psi	stric	clis	spli	stuc
pso	stroc	clos	splo	scan
psu	struc	clus	splu	scri

*Mots à sons muets et à sons accentués, formés
des syllabes qui précèdent.*

PREMIER EXEMPLE.

fia - cre	stoï - que	stro - phe
co - pieu - se	A - dol - phe	Bos - pho - re
re - nia	dé - dia	Cen - tu - rion
cor - dia - le	phra - ses	stu - peur
lam - pions	sti - pu - le	so - pha
vian - de	nym - phes	phi - lo - so - phe
crè - me	dau - phin	Stras - bourg

3.

DEUXIÈME EXEMPLE.

Sten - tor	pio - ches	fio - les
vio - lon	Phè - dre	So - pho - cle
pié - ges	scul - ptu - re	Or - phé - on
Al - ci - bia - de	A - chil - le	sta - tu - re
Ter - mo - phi-le	Pan - thé - on	splen - deur
so - phis - me	Ca - ly - pso	Dio - gè - ne

TROISIÈME EXEMPLE.

a - mi - tié	scan - da - le	por - phyre
scri - be	psau - mes	es - pla - na-de
Spi - no - sa	scru - pu - le	phé - nix
sca - breux	fac - ti - ce	cuis - tre
phé - no - mè-ne	sca-pu-lai-re	é - cli-pse
tiè - de	é - stra - pa -de	plas - tron

Phrases détachées formées des mots qui
précèdent.

PREMIER EXEMPLE.

Ce stoï - cien et ce dia - cre vont voir le
Pan - thé - on. Dieu! quel homme! quelle
sta-tu-re !... Phè - dre nous par-le tou - jours
de son ins-truc-tion et de sa splen - deur.
Dio - gè - ne se mo - quait du Phé - don de
Pla - ton. Ca - ly - pso mon - tre une fi - gu -
re ra - dieu - se com - me le so - leil.

DEUXIÈME EXEMPLE.

En sor-tant de la cui-si-ne il é-tait plein
de stu - peur. Pour pren-dre les psau-mes,
je ren-ver-sai le sié-ge de Spi-no-sa. Al-
ci-bia-de, Om-pha-le, Al-phon-se et Sci-pion
mon-trent du scru-pu-le et de la fai-bles-se.
Ce sont des or-phe-lins qui dé-pouil-lent
les scru-tins.

CHAPITRE HUITIÈME.

—

MOTS A CONSONNES DOUBLES.

te-nail – le	cu - lot - te	frap - pe
vil-la - ge	vio-let-tes	ap-por - ter
hom - mes	of - fran - de	sug - gé-ra
com-men-ce	af-fai-res	ag-glo-mè-re
don - ne - ras	suc-cé - dons	ad-di-tion
son - nez	ac-cor-dâ-mes	sup - po - sons
faus-se	guer - re	es - sen - ce
pous - sait	pour - rions	ga - let-te

Phrases détachées formées des mots qui
précèdent.

Nous al-lons quit-ter no-tre fil-le, nous
ne la re-ver-rons plus. Je te don-ne-rai cel-le
qui son-ne les nou-vel-les. Je pous-sais les
hom-mes, toi tu ap-pe-lais les fem-mes. Il a

vé–ri–fié cet-te ad-di-tion, el-le ne vaut rien.
Nous leur fe-rons la guer–re sur ter-re et
sur mer. En-tends–les; el-les frap-pent du
pied, el-les sa–pent les mu-rail-les. La plus
souf-fran-te ac–cep-ta la suc-ces-sion. Vous
ob-te-nez de grands suc-cès; vous ag-glo-
mé–rez tout le pays.

Mots terminés en TION *et en* SION.

PREMIÈRE CLASSE.

por - tion	ac - tion	per - di - tion
na – tion	jonc - tion	in - ven - tion
dic - tion	dis - sen - sion	dé - coc - tion
fac - tion	am - bi - tion	di - rec - tion
cau - tion	in - ser - tion	in - ten - tion
fonc - tion	lo - cu - tion	ad - di - tion
mu - ni - tion	pré - ten - tion	pu - ni - tion

DEUXIÈME CLASSE.

mis - sion	con - ces - sion	suc - ces - sion
pres - sion	im - pres - sion	op - pres - sion
ces - sion	con - ver - sion	con - clu - sion
ver – sion	a - gres - sion	in - fu - sion
con – fes - sion	pro - fes - sion	di - vi - sion
a - ver - sion	o - mis - sion	in - va - sion

Phrases détachées formées des mots
qui précèdent.

PREMIER EXEMPLE.

Fran–çois me lais-se-ra sa por-tion. Voi–là
u–ne in-ven-tion qui sort de la con-ven-
tion. Ces hom–mes aux pré-ten-tions per-
dront leurs dis-tri-bu-tions. Je vis sous sa
pro-tec-tion et sous sa di-rec-tion. Ce sol-dat
me fai-sait mil-le ques-tions, mil-le ob-ser-
va-tions.

DEUXIÈME EXEMPLE.

Cor-neil-le et Ra-ci-ne par-ti-rent sans
per-mis-sion et sans con-fu-sion. Je rap-por-
tai les im-pres-sions à la com-mis-sion des livres. On en voit la di-vi-sion et la con-clu-
sion. Vo-tre mis-sion et vo-tre con-fes-sion
plai-sent au Pa-pe.

Mots commençant par des voyelles.

au - cu - ne	im - par - fait	u - ni - que
ar - mons	in - di - quer	ur - nes
an - glais	im - pu - re	u - ni - vers
en - tra - ves	ou - ver - tes	yeux
em - blè - me	of - fi - cier	yo - le
em - me - na	or - ne - rez	yacht

Phrases détachées formées des mots qui précèdent.

Le Sei-gneur bé-ni-ra An-toi-ne et Au-gus-te. Le pa-lais des or-ne-ments est aus-si ou-vert. Tu au-rais pu a-per-ce-voir ses beaux yeux. El-le em-por-te son en-ne-mi. Mes in-ten-tions et mes ac-tions sont in-vi-si-bles. Nous vou-lions im-mo-ler son fils u-ni-que. An-chi-se re-con-nut é-ga-le-ment les ur-nes. On a-vait dé-jà im-po-sé le si-len-ce à U-lys-se et à Or-phée.

Mots qui commencent par l'H.

ha - bi - le	hai - ne	hô - te
his - toi - re	ha - ri - cots	Her - cu - le
hon - neur	hé - ros	hur - ler
hor - lo - ge	hi - boux	hui - le
his - to - rien	haïr	han - ches
hom - me	han - gar	haïs - sez
ha - bi - tu - de	ha - cher	hau - teur
har - mo - nie	har - des	har - dies - se
ha - bit	hâ - te - ront	huis - sier
hu - ma - ni - té	hi - deux	hus - sard

Phrases détachées formées des mots qui précèdent.

HACHE MUETTE.

Ju-les pen-se que ce sont des his-to-riens. Jo-sé-phi-ne se mon-tre fort hu-mai-ne. On ne rap-por-ta que les ha-bits. Da-vid par-le à vo-tre huis-sier. Vous a-vez vu les plus heu-reux. Ce sont des in-stru-ments har-mo-nieux.

HACHE ASPIRÉE.

On vous prit pour des hé-ros grecs. Leurs har-des fu-rent je-tées au feu. Je vois ces ha-meaux sur les hau-teurs. Ils ha-chè-rent tous ceux que vous haïs-siez. Mes ha-ri-cots sont sous vos han-gars.

CHAPITRE NEUVIÈME.

Syllabes composées.

APOSTROPHE ET TRAIT D'UNION.

PREMIER EXEMPLE.

j'au	d'an	m'ar	s'ar	n'ar
j'en	d'en	m'en	s'en	n'en
j'in	d'in	m'in	s'in	n'in
j'ou	d'ou	m'ou	s'or	n'or
j'u	d'ur	m'u	s'u	n'ur

ALPHABET.

DEUXIÈME EXEMPLE.

t'ar	l'au		t-il
t'en	l'en	qu'en	t-on
t'in	l'in	qu'in	t-el-le
t'or	l'on	qu'on	-t-il
t'u	l'ur	qu'un	-t-el-le

Mots composés formés des syllabes qui précèdent.

APOSTROPHE.

PREMIER EXEMPLE.

j'ar-me	n'a-mu-sai	m'a-bî-mer
j'en-trai	n'im-por-te	m'en-tra-ve
j'in-duis	n'u-se-ra	m'u-nir
j'u-se-rai	n'in-di-gnez	m'en-ga-ge
j'ou-blie	m'of-fen-se	m'in-di-gne
j'in-vi-tais	m'em-bras-sa	m'a-bu-sa

DEUXIÈME EXEMPLE.

s'a-bat-tre	t'ai-mas	l'a-bord
s'en-vo-le	t'em-bar-que	l'en-fant
s'ou-bli-a	t'in-vi-tais	d'i-ma-ge
s'or-ner	t'or-don-ne	d'or-dre
s'u-ni-ront	t'u-ti-li-se	d'u-nir

TROISIÈME EXEMPLE.

qu'a - ni - mer	d'ap - pren - tis - sa - ge
qu'en - tre - te - nir	d'en - ten - dre
qu'in - di - quer	d'i - ma - gi - na - tion
qu'or - ner	d'or - don - nan - ce
qu'u - ti - li - ser	d'u - ti - li - té

Trait d'union.

PREMIER EXEMPLE.

passe - partout	donne - dose
coupe - bois	garde - montagnes
monte - digues	brise - fer
coupe - jarret	demi - livre
avant - coureur	bec - figue
chou - fleur	contre - maître

DEUXIÈME EXEMPLE.

charge - t -il	ajustera - t - on
entre - t - on	retourna - t - il
voudra - t - elle	aborde - t - elle
apporta - t - il	décharge - t - on
demande - t - on	supposa - t - il
commencera - t - elle	imprime - t - elle

Apostrophe et trait d'union.

PREMIER EXEMPLE.

n'abandonnait - il   l'ajusterait - on

m'estimerait - on   l'examinait - il

t'invitait - elle   s'amusaient - elles

m'unirait - on   s'informerait - on

t'emportaient - ils   qu'aborderaient - ils

s'armeraient - elles   qu'unirait - elle

DEUXIÈME EXEMPLE.

n'embrasse - t - il   qu'aime - t - elle

n'estime - t - elle   t'oublie - t - il

m'apelle - t - on   s'unira - t - on

t'oppose - t - elle   s'envole - t - elle

s'offense - t - il   t'occupe - t - il

m'indique - t - on   qu'attendra - t - on

Phrases détachées formées des mots qui précèdent.

PREMIER EXEMPLE.

Apostrophe.

J'au-rai l'ar-moi-re, l'en-cre, l'or, l'ai-gle et l'hon-neur. Il ne faut qu'un mo—ment, et dé-jà il s'in-di-gne d'at-ten-dre. N'en dou-tez point; el-le s'en-vo-le, je l'ai vue. **Tu** n'as qu'à ve-nir, on t'in-di-que-ra l'en-droit et l'ou-til. Nous n'y pou-vons plus rien; Paul vient d'a-bat-tre l'un et l'au-tre. Tu ne de-vais qu'ob-te-nir l'or-dre et le si-len-ce, et c'é-tait as-sez pour l'é-po-que.

DEUXIÈME EXEMPLE.

Trait d'union.

Prends mon passe-partout, cache-le sous les perce-neige. Denis a tué un bec-figue qui mangeait les petits pois et les choux-fleurs. Cet avant-coureur perdit un serre-tête et deux porte-manteaux. Son coupe-jarrets ne vaut rien, ainsi que ses blancs-seings. Un homme de votre arrière-garde a pris toute la couperose. Le vice-amiral et le contre-maître sont au chef-lieu de la commune.

TROISIÈME EXEMPLE.

Double trait d'union.

Archimède sera-t-il chez lui? voudra-t-il encore nous favoriser? Saura-t-on où est cette femme? le dira-t-on à son mari? Boileau sa-lue-t-il tous les passants? les invite-t-il à se reposer? Caroline vous parle-t-elle de ma sœur? va-t-elle la voir quelquefois? De toute cette histoire, qu'en dira-t-on? qu'en pense-t-on?

QUATRIÈME EXEMPLE.

Apostrophe et trait d'union.

Le Créateur m'aimerait-il autant que toi? me bénirait-il aussi? Sa mère l'instruisait-elle bien? lui apprenait-elle à parler français? Si Victor venait, l'armerait-on? l'inviterait-on à combattre? Leurs enfants t'appellent-ils à eux? t'estiment-ils un peu? Les premières s'en éloignent-elles? les secondes s'en approchent-elles?

CINQUIÈME EXEMPLE.

Apostrophe et deux traits d'union.

Votre enfant s'amuse-t-il toujours seul? ne s'avance-t-il pas trop près de la rivière? Cette boîte, l'achèvera-t-on? l'enlèvera-t-on ce soir? Elise t'aborde-t-elle? Luce t'écoutera-t-elle? Celle-ci, l'unira-t-il de suite? celle-là, l'ornera-t-on demain? Jean s'abonne-t-il à ce journal?

FIN DE LA PREMIÈRE PARTIE.

NOTA. — Dans la seconde édition, cette première partie sera imprimée en caractère un peu plus gros.

DEUXIÈME PARTIE.

CHAPITRE PREMIER.

—

LECTURE COURANTE.

DE LA CONNAISSANCE DE DIEU.

Il y a un Etre invisible et infini que l'on appelle Dieu, et qui a fait le ciel et la terre.

Comme cet Être est invisible et infini, il en résulte qu'il est partout, qu'il voit tout, qu'il connaît tout, qu'il sait tout et qu'il entend tout.

Dieu est un être qui a toujours existé, et qui existera toujours. Il n'a jamais eu de commencement, il n'aura jamais de fin non plus.

Dieu est un être parfait de toutes manières : il n'a point de mauvaises qualités, il n'en a que de bonnes. Il est bon, doux, juste, sage, aimant, puissant et bienfaisant.

Si le soleil et la lune tournent, c'est Dieu qui les fait tourner ; si le jour et la nuit viennent, c'est Dieu qui les fait venir ; si nous naissons et si nous mourons, c'est Dieu qui nous fait naître et mourir. Si les fleuves, les rivières, les ruisseaux et les sources coulent, c'est Dieu qui les fait couler. Si les plantes, les arbres, les blés, les herbes, la vigne, les roses, les fleurs et les fruits croissent, c'est aussi lui qui les fait croître.

Dieu, quoique invisible, est l'être, enfin, qui fait tout, qui produit tout, qui gouverne tout, qui anime toute la nature.

Sans lui, ce Dieu, sans son souffle divin qui réchauffe toutes les créatures, qui les anime toutes; rien ne se conserverait, rien ne se reproduirait. Tout mourrait, tout cesserait d'exister, tout s'enfuirait dans le néant, dans le repos éternel!...

CE QUE DIEU VEUT.

1. Dieu veut que les enfants sachent qu'il existe, qu'ils le connaissent, qu'ils l'adorent, qu'ils parlent souvent de lui, qu'ils chantent sa gloire et ses louanges, qu'ils le prient tous les jours, tous les soirs et tous les matins.

2. Dieu veut que les enfants aiment bien leur père et leur mère, leurs frères et leurs sœurs, leurs parents et leurs petits camarades ; enfin, tout le monde, toutes les personnes'; même tous les animaux qui ne font point de mal.

3. Dieu veut que les enfants aillent à l'école, il veut qu'ils apprennent tous à lire et à écrire, à compter et à dessiner, à toiser et à travailler ; puis à chanter et à parler.

4. Dieu veut que les enfants soient toujours bien propres : et pour qu'ils soient toujours tels, il faut qu'ils se lavent la figure et les mains tous les jours, puis qu'ils fassent souvent couper leurs ongles et leurs cheveux.

5. Dieu veut que les enfants aient du plaisir ; qu'ils s'amusent, qu'ils chantent, qu'ils dansent, qu'ils se promènent. Mais il veut qu'ils fassent tout cela sans se fâcher, sans se battre, sans se faire de mal, sans déchirer leurs vêtements, sans les tacher, sans les salir.

6. Dieu veut que les enfants soient sages, doux, polis, courageux, bons, obéissants, sobres, généreux, aimables, gais, complaisants, penseurs, adroits, justes et humains.

7. Dieu veut encore que les enfants aillent à la messe tous les dimanches, de même que toutes les grandes fêtes. S'ils n'y allaient point, il ne serait pas content d'eux ; il ne les bénirait point, il ne les aimerait point.

8. Dieu veut, enfin, que les enfants aient toutes espèces de bonnes qualités, toute espèce de bons sentiments ; ou qu'ils soient raisonnables comme des hommes, comme leur père et leur mère.

CE QUE DIEU NE VEUT PAS.

1. Dieu ne veut pas que les enfants soient méchants : il ne veut pas, alors, qu'ils jurent, qu'ils se disputent et qu'ils se battent. Ceux qui agissent ainsi, il les punit, il les maudit.

2. Dieu ne veut pas que les enfants répondent mal à leur père et à leur mère, ni qu'ils leur désobéissent. Il veut, au contraire, qu'ils leurs parlent avec respect et soumission, et qu'ils leur obéissent en toutes choses.

3. Dieu ne veut pas que les enfants soient gourmands. Il ne veut pas, par conséquent, qu'ils mangent trop,

qu'ils boivent trop. Et s'il ne le veut pas, c'est parce que
cela les rend malades, parce que cela les empêche de
grandir.

4. Dieu ne veut pas encore que les enfants se promènent seuls dans les rues ou dans les champs, ni qu'ils
montent sur les arbres, ni qu'ils frappent les animaux.
Ceux qui font le contraire de ceci, il les déteste, il ne
veut point les voir.

5. Dieu ne veut pas, enfin, que les enfants soient
mutins, capricieux, paresseux, menteurs et voleurs. Il
veut plutôt qu'ils se comportent bien, qu'ils soient bien
sages, qu'ils soient tous dignes de son amour et de ses
bienfaits.

CHAPITRE DEUXIEME.

—

DE LA LECTURE.

La lecture est le plus beau, le plus agréable et le plus
utile des arts. Sans elle, les hommes n'auraient presque
pas d'idées, ils ne sauraient presque pas parler, ils seraient presque semblables aux animaux. Celui, alors,
qui l'a inventée, qui en est l'auteur, a rendu, on peut
le dire, on doit en convenir, un des plus grands services
à l'espèce humaine.

Si les hommes ne savaient pas lire, ils ne pourraient

pas se communiquer leurs besoins et leurs désirs comme ils le font par l'écriture ; ils ne pourraient pas s'instruire dans les livres, ils ne pourraient pas y puiser toutes les connaissances qu'ils y puisent. Et il en résulterait, par conséquent, qu'ils n'auraient, comme nous le disons, que très-peu d'idées, qu'ils ne sauraient presque pas parler, qu'ils seraient presque pareils aux animaux.

Les hommes, il faut l'avouer, sont très-savants, très-ingénieux ; mais, s'ils sont tels, c'est à la lecture qu'ils le doivent, c'est par les idées qu'elle leur communique, par les sentiments qu'elle leur sème dans l'esprit et dans la mémoire.

Donc, s'il en est ainsi, elle est très-utile, très-désirable. Elle est le plus beau et le plus agréable des arts.

Il y a deux espèces de lectures : l'une en prose et l'autre en vers. Or, comme il y en a deux espèces, il est bon que les enfants le sachent, qu'on leur explique la différence qu'il y a entre elles.

DE LA LECTURE EN PROSE.

La lecture en prose est celle qui représente le langage ordinaire, ou le langage dans lequel il n'y a point de mesure, de cadence et d'harmonie ; ou celui, pour mieux dire, dont les lignes ne sont ni mesurées, ni cadencées, ni rimées, comme dans cet exemple :

> Pour lire et pour écrire, on se sert de trente-deux signes : de vingt-cinq lettres et de sept signes orthographiques. Ces sept derniers sont l'accent aigu, l'accent grave, l'accent circonflexe, le tréma, le trait d'union, l'apostrophe et la cédille.

DE LA LECTURE EN VERS.

La lecture en vers est celle qui représente le langage harmonieux, cadencé, mesuré, rimé ; ou le langage qui n'est point naturel, que l'on ne parle point naturellement ; ou celui dans lequel toutes les lignes sont toujours mesurées, cadencées et rimées, comme dans cet autre exemple :

Il est un heureux choix de mots harmonieux ;
Fuyez des mauvais sons le concours odieux.
Le vers le mieux rempli, la plus noble pensée,
Ne peut plaire à l'esprit quand l'oreille est blessée.

BOILEAU.

CHAPITRE TROISIÈME.

SUJETS DIVERS.

1. Un enfant qui ne sait pas lire est comme une petite fille qui ne sait pas coudre ; tout le monde se moque de lui Un enfant, au contraire, qui sait bien lire est comme un homme qui a fait de grandes choses ; tout le monde l'estime.

C'est un charmant garçon, dit l'un ; on n'en voit guère de pareils.—Oui, répond l'autre, c'est vrai ; c'est un petit jeune homme qui a de bonnes intentions, de bonnes dispositions et qui, s'il continue, ira vite, ira loin.

2. Le printemps fait naître les herbes, les violettes, les feuilles, les fleurs et les fruits. C'est la saison qui couvre les campagnes de roses, de verdure, de parfums et d'insectes, et qui invite les oiseaux qui les peuplent à bâtir leurs nids et à chanter leurs amours.

Lorsque cette saison paraît, on ne voit de toutes parts que fêtes et que réjouissances ; on n'entend que cris et que chants. Là, c'est le soldat qui part pour la guerre ; ici, c'est le berger qui joue de la flûte et qui conduit son troupeau.

3. La France est un pays qui a de grandes villes ; les plus grandes sont Paris, Lyon, Marseille, Bordeaux, Nantes, Rouen, Lille et Strasbourg.

Paris et Rouen sont sur la Seine, Lyon sur le Rhône, Bordeaux sur la Garonne, Nantes sur la Loire, et Strasbourg sur le Rhin.

La Seine, la Loire, le Rhône, la Garonne et le Rhin sont cinq fortes rivières que l'on appelle fleuves, et qui se jettent toutes dans la mer.

4. La terre offre deux grandes surfaces : l'une est dure ou solide ; l'autre est molle ou liquide. La première renferme les plaines, les montagnes, les forêts, les villes, les bourgs, les villages et les hameaux ; la seconde renferme les mers, les lacs, les étangs, les fleuves, les rivières, les ruisseaux et les fontaines.

Les fontaines forment les ruisseaux, les ruisseaux forment les rivières, les rivières forment les fleuves, et les fleuves forment les mers.

5. La France a deux cent vingt lieues de longueur

sur deux cents de largeur. Elle se divise en quatre-vingt-six départements, dont chacun a environ vingt à vingt-cinq lieues carrées.

Tous ces départements se subdivisent ensuite en arrondissements, les arrondissements en cantons, les cantons en communes, et les communes en villages et en hameaux.

Un département a un préfet pour chef, un arrondissement un sous-préfet, un canton un juge de paix, et une commune un maire.

On appelle préfecture la maison où reste un préfet ; et sous-préfecture, celle où reste un sous-préfet.

DE LA FORME, DE LA GROSSEUR, DE LA DISPOSITION ET DU MOUVEMENT DE LA TERRE.

La terre est ronde comme une boule, et très-grosse. Elle a près de neuf mille lieues de tour. Quoique ayant cette grosseur, elle est suspendue dans l'espace de l'air, où elle tourne sur elle-même toutes les vingt-quatre heures, puis une fois par an autour du soleil.

Par le mouvement qu'elle fait sur elle-même, elle nous donne le jour et la nuit ; par celui qu'elle fait autour du soleil, elle nous donne les quatre saisons.

DES DIVISIONS DU MONDE.

Le monde se divise en cinq grandes parties. Ces cinq grandes parties sont l'Asie, l'Afrique, l'Amérique, l'Europe et l'Océanie.

DES DIVISIONS DE L'EUROPE.

L'Europe se divise en quinze États ou nations. Ces quinze États ou nations sont : la Norvège, la Suède, la Pologne, la Prusse, la Hollande, la Belgique, l'Angleterre, la France, le Portugal, l'Espagne, l'Italie, la Suisse, la Grèce, la Turquie et la Russie.

DES PRINCIPALES VILLES DE L'EUROPE.

Les principales villes de l'Europe sont : Londres en Angleterre, Paris en France, Consantinope en Turquie, Saint-Pétersbourg en Russie, Rome en Italie, Vienne en Autriche, Madrid en Espagne, et Berlin en Prusse.

DE LA DIVISION DU TEMPS.

Le temps se divise en années, les années en saisons, les saisons en mois, les mois en semaines, les semaines en jours, les jours en heures, les heures en minutes, les minutes en secondes, et les secondes en points.

Il y a quatre saisons dans une année. Ces quatre saisons sont l'hiver, le printemps, l'été et l'automne.

Il y a aussi douze mois dans une année. Ces douze mois sont : janvier, février, mars, avril, mai, juin, juillet, août, septembre, octobre, novembre et décembre.

Un mois a trente ou trente-un jours. Une semaine en a sept.

4.

Les sept jours d'une semaine sont : lundi, mardi, mercredi, jeudi, vendredi, samedi et dimanche.

Un jour a vingt-quatre heures, une heure a soixante minutes, une minute a soixante secondes, et une seconde soixante points.

CHAPITRE QUATRIÈME.

—

JULES ET LOUIS.

Les petits garçons ressemblent aux petits oiseaux qui sortent du nid et qui commencent à voler. Comme eux, lorsqu'ils sont un peu grands, ils veulent tout voir, tout connaître. Et, pour voir ainsi tout, pour connaître ainsi tout, ils marchent toujours, ils courent toujours.

Mais il arrive souvent que, pour trop marcher et pour trop courir, ils se procurent bien des maux, bien des peines.

Pour leur prouver cette vérité, qui est très-visible, je vais leur raconter une histoire qui est très-courte, et qu'ils comprendront facilement.

J'ai connu à Paris deux petits enfants qui étaient à peu près du même âge, et qui allaient à l'école ensemble. Ces deux enfants, curieux de courir et de contenter leur goût, se dirent un jour pour le satisfaire :

« Sortons de la ville, allons nous promener dans la

campagne. Là, nous verrons toute espèce de jolies choses, nous éprouverons mille plaisirs. »

Ils n'eurent pas achevé ces mots, qu'ils se virent bientôt hors de Paris, et qu'ils entrèrent assez avant dans la
campagne pour se disposer à chercher des nids d'oiseaux
et des fraises.

Comme ils étaient pleins de cette idée, ils aperçurent,
tout près d'eux, un cerisier qui avait beaucoup de cerises.
Celles-ci étant grosses et jolies, leur parurent suffisam-
ment mûres pour être bonnes à manger. Et comme elles
leur parurent telles, ils voulurent s'en assurer, ils mon-
tèrent aussitôt sur le cerisier, ils se mirent aussitôt à en
manger.

Elles sont mûres, elles sont bonnes, disait gaîment
Jules à Louis. Oui, répondait aussi gaîment ce dernier,
elles sont très-mûres, très-bonnes.

Et en parlant ainsi, ils ressentaient une vive joie. Ils
ne pouvaient se lasser d'admirer le bonheur qu'ils avaient
eu de sortir de Paris pour aller à cet endroit.

Mais cette joie qu'ils ressentaient si fort, si vigoureu-
sement, ne fut pas bien longue. Car dans le moment
même qu'ils la goûtaient le plus, il survint tout à coup
un homme qui leur demanda, d'un air fâché, pourquoi
ils étaient sur son cerisier, et par quelle permission ils
mangeaient ses cerises.

A ces mots, les petits gourmands ne surent que ré-
pondre et devinrent tout tremblants...

Cet homme, voyant qu'ils mangeaient ses cerises sans
en avoir le droit, eut d'abord envie de leur tirer un peu

les oreilles. Mais comme il vit que ce n'était que des enfants, il ne le fit point.

Il se contenta seulement de leur dire, à cet égard, qu'ils étaient de petits voleurs, de petits mauvais sujets, de petits coureurs. Et qu'ils mériteraient bien, alors, pour les punir de leur crime, qu'il les fît prendre par les gendarmes, qu'il les fît mettre en prison.

Nos deux petits coureurs, honteux et surpris par ces paroles, se hâtèrent de descendre du cerisier, de sauter à terre, de retourner à la ville, et se promirent fortement, après avoir examiné un peu ce qui venait de leur arriver, qu'ils ne sortiraient plus de Paris pour aller dans la campagne, pour chercher des nids d'oiseaux et des fraises ; et surtout pour manger des cerises, des cerises qui ne seraient pas à eux, qui ne leur appartiendraient pas.

CHAPITRE CINQUIÈME.

—

LECTURE EN VERS.

Qu'aux accents de ma voix la terre se réveille.
Rois, soyez attentifs ! peuples, ouvrez l'oreille !
Que l'univers se taise et m'écoute parler.
Mes chants vont seconder les accords de ma lyre ;
L'Esprit saint me pénètre, il m'échauffe, il m'inspire
Les grandes vérités que je vais révéler.

Soutiens ma foi chancelante,
Dieu puissant ; inspire-moi
Cette crainte vigilante,
Qui fait pratiquer ta loi :
Loi sainte, loi désirable,
Ta richesse est préférable
A la richesse de l'or :
Et ta douceur est pareille
Au miel dont la jeune abeille
Compose son cher trésor.

Le roi des cieux et de la terre
Descend au milieu des éclairs :
Sa voix, comme un bruyant tonnerre,
S'est fait entendre dans les airs.
Dieux mortels, c'est vous qu'il appelle ;
Il tient la balance éternelle
Qui doit peser tous les humains.
Dans ses yeux la flamme étincelle,
Et le glaive brille en ses mains.

Juges insensés que nous sommes,
Nous admirons de tels exploits !
Est-ce donc le malheur des hommes
Qui fait la vertu des grands rois ?
Leur gloire, féconde en ruines,
Sans le meurtre et sans les rapines
Ne saurait-elle subsister ?
Images des dieux sur la terre,
Est-ce par des coups de tonnerre
Que leur gloire doit éclater ?

Montrez-nous, guerriers magnanimes,
Votre vertu dans tout son jour ;
Voyons comment vos cœurs sublimes
Du sort soutiendront le retour ;
Tant que sa faveur vous seconde
Vous êtes les maîtres du monde,
Votre gloire nous éblouit ;
Mais au moindre revers funeste,
Le masque tombe, l'homme reste,
Et le héros s'évanouit.

J.-B. ROUSSEAU.

C'est en vain qu'au Parnasse un téméraire auteur
Pense de l'art des vers atteindre la hauteur.
S'il ne sent point du Ciel l'influence secrète,
Si son astre en naissant ne l'a formé poëte,
Dans son génie étroit il est toujours captif ;
Pour lui Phébus est sourd, et Pégase est rétif.

O vous donc qui, brûlant d'une ardeur périlleuse,
Courez du bel esprit la carrière épineuse,
N'allez pas sur des vers sans fruit vous consumer,
Ni prendre pour génie un amour de rimer.
Craignez d'un vain plaisir les trompeuses amorces,
Et consultez longtemps votre esprit et vos forces.

La nature, fertile en esprits excellents,
Sait entre les auteurs partager les talents.
L'un peut tracer en vers une amoureuse flamme :
L'autre d'un trait plaisant aiguiser l'épigramme.

Malherbe d'un héros peut vanter les exploits ;
Racan chanter Philis, les bergers et les bois.
Mais souvent un esprit qui se flatte et qui s'aime,
Méconnaît son génie, et s'ignore soi-même.
Ainsi tel autrefois, qu'on vit avec Faret
Charbonner de ses vers les murs d'un cabaret,
S'en va mal à propos, d'une voix insolente,
Chanter du peuple hébreu la fuite triomphante,
Et poursuivant Moïse au travers des déserts,
Court avec Pharaon se noyer dans les mers.

Il est certains esprits dont les sombres pensées
Sont d'un nuage épais toujours embarrassées,
Le jour de la raison ne le saurait percer.
Avant donc que d'écrire, apprenez à penser.
Selon que notre idée est plus ou moins obscure,
L'expression la suit, ou moins nette, ou plus pure.
Ce que l'on conçoit bien s'énonce clairement,
Et les mots pour le dire arrivent aisément.

Un sage ami, toujours rigoureux, inflexible,
Sur vos défauts jamais ne vous laisse paisible.
Il ne pardonne point les endroits négligés.
Il renvoie en leur lieu les vers mal arrangés.
Il réprime des mots l'ambitieuse emphase.
Ici le sens le choque, et plus loin c'est la phrase.
Votre construction semble un peu s'obscurcir :
Ce terme est équivoque, il le faut éclaircir.
C'est ainsi que vous parle un ami véritable.
Mais souvent sur ses vers un auteur intraitable
A les protéger tous se croit intéressé,
Et d'abord prend en main le droit de l'offensé

L'harmonie en naissant produisit ces miracles.
Depuis, le Ciel en vers fit parler les oracles.
Du sein d'un prêtre ému d'une divine horreur,
Apollon par des vers exhala sa fureur.
Bientôt, ressuscitant les héros des vieux âges,
Homère aux grands exploits anima les courages.
Hésiode, à son tour, par d'utiles leçons,
Des champs trop paresseux vint hâter les moissons.
En mille écrits fameux la sagesse tracée,
Fut, à l'aide des vers, aux mortels annoncée,
Et partout des esprits ses préceptes vainqueurs,
Introduits dans l'oreille, entrèrent dans les cœurs.
Pour tant d'heureux bienfaits, les muses révérées,
Furent d'un juste encens dans la Grèce honorées,
Et leur art, attirant le culte des mortels,
A sa gloire en cent lieux vit dresser des autels.
Mais enfin l'indigence, amenant la bassesse,
Le Parnasse oublia sa première noblesse.

BOILEAU.

FIN.

BIBLIOTHÈQUE NATIONALE

R.F.

IMPRIMÉS

Imprimerie de HENNUYER et Cᵉ, rue Lemercier, 24. Batignolles.

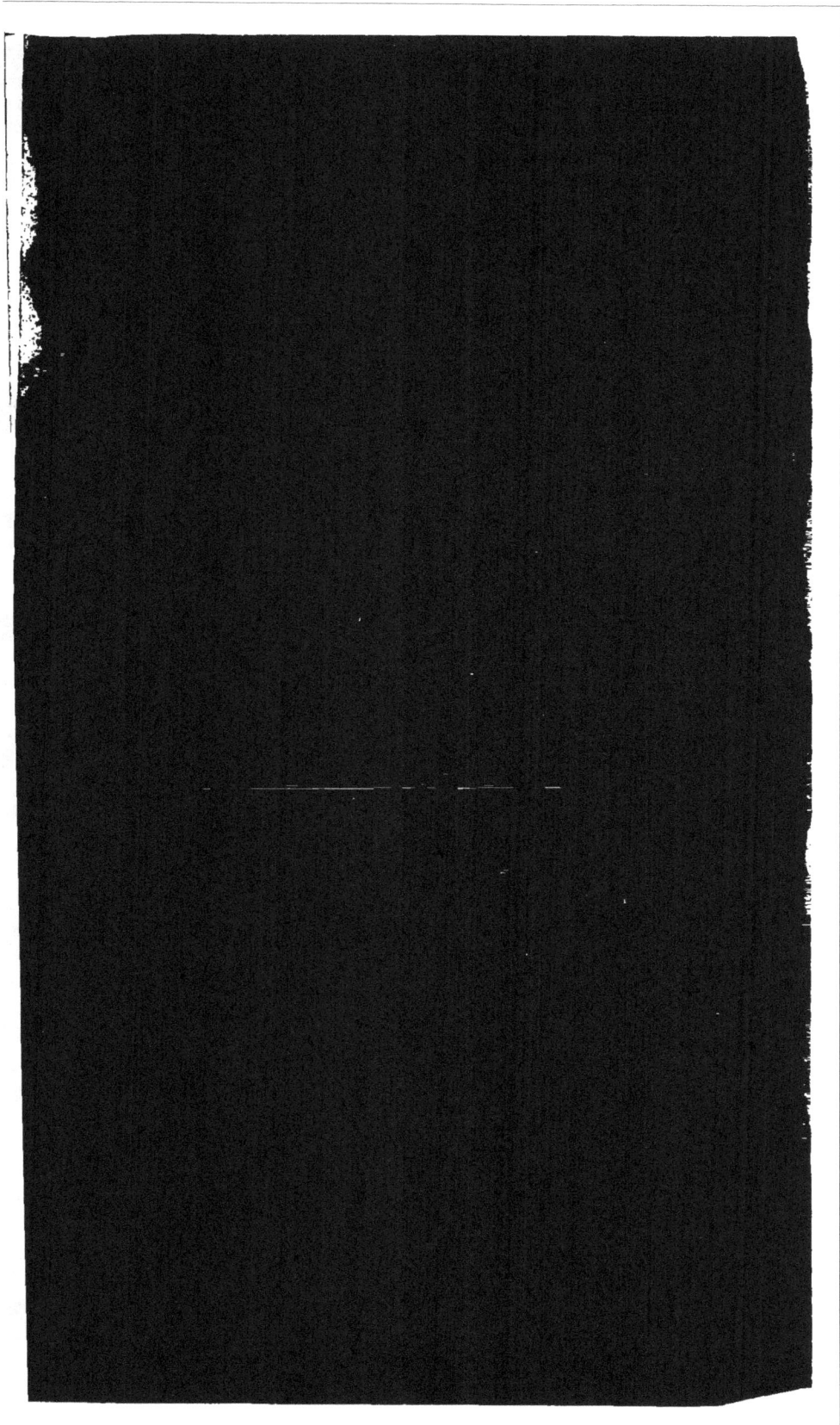

BIBLIOTHEQUE NATIONALE DE FRANCE

3 7531 03327582 8

www.ingramcontent.com/pod-product-compliance
Lightning Source LLC
Chambersburg PA
CBHW070903280326
41934CB00008B/1568